A Great Lakes
Fur Trade
Coloring Book

**BILINGUAL
EDITION
BILINGUE**

Les *Fourrures*
et les Grands lacs
Cahier à colorier

Drawings by
Illustré par *Chet Kozlak*

French translation by
Traduit de l'anglais par

JEAN-PIERRE BÉLANGER

MINNESOTA HISTORICAL SOCIETY PRESS · ST. PAUL

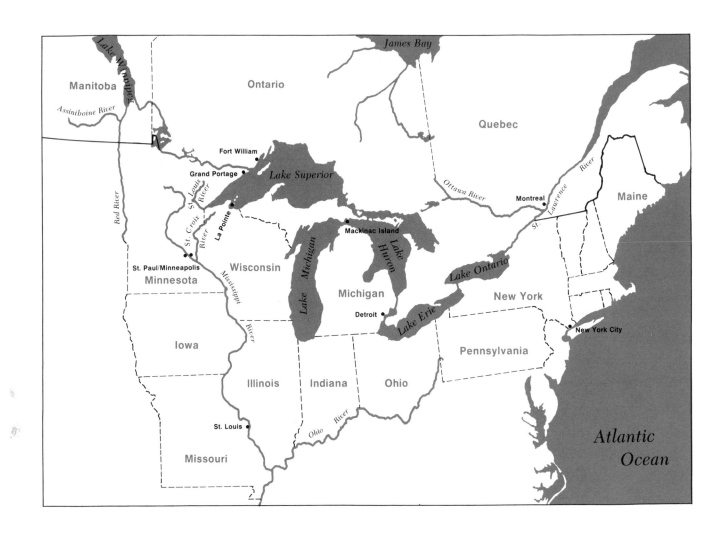

Introduction

The Great Lakes fur trade was a big business started in the 1600s by French people and continued by the Canadians, British, and Americans into the 19th century. The fur trade was important in a number of ways. To Indians it was a way to exchange easily acquired furs for tools, blankets, jewelry, and other useful goods brought to them by white men. To traders it was a means of earning a living by obtaining animal pelts from Indians and selling them to hat makers and furriers. To people in North American and European cities it provided the beautiful hats, coats, and other fur articles they liked to wear.

The country surrounding the Great Lakes was a wilderness land of forests, lakes, and streams. It was the home of beavers, muskrats, and many other smaller animals whose coats were used to make hats and clothing. To the west stretched the plains and prairies, where huge herds of buffalo roamed. Their hides were made into coats and blankets. Some of the other animals hunted for their furs are shown on the following pages.

Throughout some two hundred years, the fur trade was organized by many different companies and carried out by hundreds of white men and Indians according to a basic plan. Each spring the company partners or merchants sent men and supplies from eastern North American cities, especially Montreal, westward through the Great Lakes to the middle of the continent. At large fur posts or depots on Lakes Michigan and Superior the suppliers were unloaded. They were then distributed to the traders, who took them to their small trading posts built near the Indians' villages. After spending the fall, winter, and spring exchanging goods for furs, the traders took the collected pelts to the big depots. From there large company boats and ships carried the furs eastward.

Indians and white men working in the fur trade learned from each other. To carry supplies and furs on the Great Lakes waterway, the traders used huge birch-bark canoes similar to ones first built by Indians. On the smaller lakes and streams of the trading country, they traveled by smaller Indian canoes of birch bark. Both Indians and traders used snowshoes and dog sleds in the

Du XVIIᵉ au XIXᵉ siècle, les Amérindiens se sont livrés à la traite des fourrures sur une vaste échelle dans la région des Grands lacs, avec les Français d'abord, puis avec les Canadiens, les Anglais et les Américains. C'était là une activité importante à maints égards. Elle permettait aux Amérindiens de troquer une marchandise facilement acquise contre divers objets utiles apportés par les blancs: outils, couvertures, bijoux, etc. Elle assurait aussi un moyen de subsistance aux marchands, qui revendaient aux fourreurs et chapeliers les pelleteries achetées aux Amérindiens. Ces fourrures servaient à confectionner des vêtements, manteaux et chapeaux fort prisés en Europe et en Amérique du Nord.

La région des Grands lacs était un pays immense couvert de forêts, de lacs et de rivières, et peuplé de petits animaux à fourrure tels que le castor et le rat musqué, très recherchés pour leur peau, dont on fabriquait des chapeaux et des vêtements. A l'Ouest, s'étendaient de vastes plaines et prairies, où erraient d'immenses troupeaux de bisons, dont la peau servait à la confection de couvertures et de manteaux. Les pages suivantes illustrent divers autres animaux également recherchés pour leur peau.

Durant près de deux siècles, le commerce des fourrures, qui relevait de différentes compagnies et a occupé des milliers de blancs et d'Amérindiens, s'est déroulé selon le même plan d'ensemble. Au printemps, les employés des marchands ou des compagnies quittaient Montréal ou d'autres grandes villes de la côte Est, chargés de marchandises, et gagnaient le centre du continent par les Grands lacs. Ces marchandises étaient destinées aux postes de traite et aux dépôts importants en bordure des lacs Michigan et Supérieur. Elles étaient ensuite distribuées aux marchands des postes plus petits installés à proximité des villages indiens. Au cours de l'automne, de l'hiver et du printemps, les marchands troquaient ces marchandises contre des fourrures, qu'ils rapportaient ensuite aux dépôts, d'où elles étaient acheminées vers l'Est dans de grandes embarcations.

Le commerce des fourrures a permis aux blancs d'ap-

winter. The voyageurs who paddled the canoes ate wild rice, which was harvested by the Indians, as well as a native food called pemmican, a mixture of meat and berries preserved in fat. They also wore Indian moccasins. The Indians learned how to use metal tools, iron kettles, guns, woven fabrics, woolen blankets, and other trade goods.

To make the drawings on this coloring book as authentic as possible, artist Chet Kozlak and editor Bruce M. White did much research. Books, magazines, and recordings produced by the Minnesota Historical Society were a rich source of information. Paintings and drawings by such artists as Peter Rindisbacher, Frances A. Hopkins, George Caleb Bingham, Alfred Jacob Miller, Basil Hall, Cornelius Krieghoff, Frank B. Mayer, James Otto Lewis, Charles Bird King, William Armstrong, and Arthur Heming were very helpful. Some of their works appeared in *The Beaver*, a magazine published in Winnipeg by the Hudson's Bay Company which contains articles on the history of the fur trade. Numerous other books and articles provided information for these drawings.

For a firsthand glimpse of the fur trade, readers may visit trading posts in the Great Lakes country that have been restored and are open to the public. At the Minnesota Historical Society's North West Company Fur Post, near Pine City, Minnesota, guides dressed in voyageur costumes explain the activities that took place at this small wintering post in 1804–05. Also interesting are the larger fur trade depots used by the French, English, Canadians, and Americans at Grand Portage, Minnesota, Mackinac Island and Fort Michilimackinac, both in Michigan, and Fort William near Thunder Bay, Ontario.

For their help in preparing this coloring book thanks are due to Jean A. Brookins, Dennis Hoffa, Alan Ominsy, Alan R. Woolworth, Albert E. Galbraith, Jr., Maureen Otwell, Carolyn Gilman, Rhoda R. Gilman, and Robert C. Wheeler — all members of the Minnesota Historical Society staff — and Ivan D. Miller, former superintendent of Grand Portage National Monument.

prendre une foule de choses des Amérindiens, et vice-versa. Par exemple, les marchands se servaient de grands canots faits d'écorce de bouleau semblables à ceux des Amérindiens, pour transporter les provisions et les fourrures sur les Grands lacs; sur les rivières et les lacs moins vastes, ils utilisaient des canots d'écorce indiens plus petits. L'hiver, ils se déplacaient en raquettes et en traîneaux à chiens, comme les Amérindiens. Comme eux, ils se nourrissaient de riz sauvage et de pemmican, préparation de viande séchée et de fruits sauvages conservée dans la graisse. Comme eux, ils allaient chaussés de mocassins. Pour leur part, les Amérindiens ont appris des blancs à se servir d'une foule de choses: outils, ustensiles en fer, fusils, étoffes tissées, couvertures de laine, etc.

Pour donner aux illustrations de cet album à colorier le caractère le plus authentique possible, le dessinateur Chet Kozlak et le rédacteur Bruce White n'ont ménagé aucun effort. Les ouvrages, revues et enregistrements publiés par la Société historique du Minnesota leur ont été une source précieuse de renseignements. Cet album doit également beaucoup aux artistes suivants: Peter Rindisbacher, Frances A. Hopkins, George Caleb Bingham, Alfred Jacob Miller, Basil Hall, Cornelius Krieghoff, Frank B. Mayer, James Otto Lewis, Charles Bird King, William Armstrong et Arthur Heming, dont plusieurs oeuvres ont été reproduites dans la revue The Beaver, *publiée à Winnipeg par la Compagnie de la Baie d'Hudson, qui contient des articles sur la traite des fourrures. Cet album s'inspire également de nombreux autres ouvrages et articles.*

Les lecteurs intéressés à connaître de plus près le commerce des fourrures peuvent visiter quelques postes de traite de la région des Grands lacs qui ont été réaménagés et sont maintenant ouverts au public. Au poste de traite de la Compagnie du Nord-ouest, exploité par la Société historique du Minnesota, près de Pine City (Minnesota), des guides en costumes d'époque expliquent les activités qui se déroulaient à ce petit poste d'hiver en 1804–1805. Les dépôts importants de Grand Portage (Minnesota), de l'île de Mackinac et de Fort Michilimackinac (Michigan), et de Fort William près de Thunder Bay (Ontario), où tour à tour Français, Anglais, Canadiens et Américains ont entreposé leurs fourrures, sont aussi très intéressants à visiter.

Nous tenons enfin à souligner la collaboration spéciale de certaines personnes, notamment Jean A. Brookins, Dennis Hoffa, Alan Ominsky, Alan R. Woolworth, Albert E. Galbraith, Jr., Maureen Otwell, Carolyn Gilman, Rhoda R. Gilman et Robert C. Wheeler, qui font partie du personnel de la Société historique du Minnesota, et Ivan D. Miller, ex-surintendant du Monument national de Grand Portage.

Small animals hunted for their furs

Petits animaux recherchés pour leur fourrure

Beaver
Castor

Muskrat
Rat musqué

Mink
Vison

Otter
Loutre

Raccoon
Raton laveur

1

Large animals hunted for their f[...]

Animaux de grande taille recherchés pour leur pe[...]

2

Indian men hunting and trapping beavers in winter when furs are thickest

Les Amérindiens chassaient le castor en hiver, époque où sa fourrure est la plus abondante.

Indian women drying beaver ski

Ces Amérindiennes font sécher des peaux de cast

4

trader visits Indians in their winter
pee, bringing presents and articles to
ade for furs.

*ans leur abri d'hiver, ces Amérindiens
cueillent un marchand de fourrures,
argé de présents et de marchandises.*

5

A trader on snowshoes breaks a trail for dogsleds
carrying furs from the Indian camp.

*Chaussé de raquettes, ce "voyageur" fraye un
chemin aux traîneaux à chiens qui viennent de
quitter le campement indien chargés de fourrures.*

An Indian family arrives at a wintering post with furs
to trade and food for the trader's table.

*rrivée d'une famille indienne apportant des fourrures
des provisions à un poste de traite d'hiver*

7

Inside a trading post Indians and traders talk business and tell each other news and stories.

Dans un poste de traite, Amérindiens et marchands discutent d'affaires et échangent des nouvelles.

8

Silver jewelry and beads. Indian men, women, and children wore earrings, necklaces, and bracelets. They used the beads to decorate clothing with beautiful designs.

Bijoux amérindiens en argent et en verroterie. Hommes, femmes et enfants portaient des boucles d'oreilles, des colliers, des bracelets et des vêtements décorés de verroterie.

Goods traded to the Indians included (clockwise): blanket
gunpowder, ice chisels, animal traps, pans, pots, knives,
flints and firesteels, pipes and tobacco, and guns.

*Les Amérindiens troquaient leurs fourrures contre divers articles. De gauche
droite: couvertures, poudre à canon, ciseaux à glace, pièges, ustensiles de
cuisine, couteaux, pierres à briquet, pipes et tabac, fusils.*

Fur traders paddle a birch-bark canoe loaded with furs collected at their wintering post. They are going to one of the large fur posts or depots in the Great Lakes, such as Fort William or Grand Portage, where the furs will be counted, pressed, packed, and sent east.

Leur canot rempli de pelleteries, ces "voyageurs" viennent de quitter leur poste d'hiver et se dirigent vers Fort William, Grand Portage ou un autre dépôt important le long des Grands lacs, où les fourrures seront comptées, pressées, emballées et expédiées vers l'Est.

Voyageurs celebrate at Grand Portage. They have brought many bundles of furs by canoe from the wintering posts. Now they have nothing to do for a few weeks until they take supplies back to the posts.

Fête à Grand Portage. Ces "voyageurs," qui ont quitté leur poste d'hiver leurs canots chargés de fourrures, se reposent quelques semaines avant de repartir avec des provisions.

Inside a large fur trade depot in the evening, company partners and clerks from many posts celebrate the end of another season.

Propriétaires et commis de différents postes de traite, réunis dans un dépôt important pour célébrer la fin d'une autre saison de traite

With new supplies of merchandise, the clerks and voyageurs set out from a large depot for their wintering posts.

Chargés de provisions et de marchandises, ces commis et "voyageurs" quittent le dépôt pour regagner leurs postes d'hiver.

15

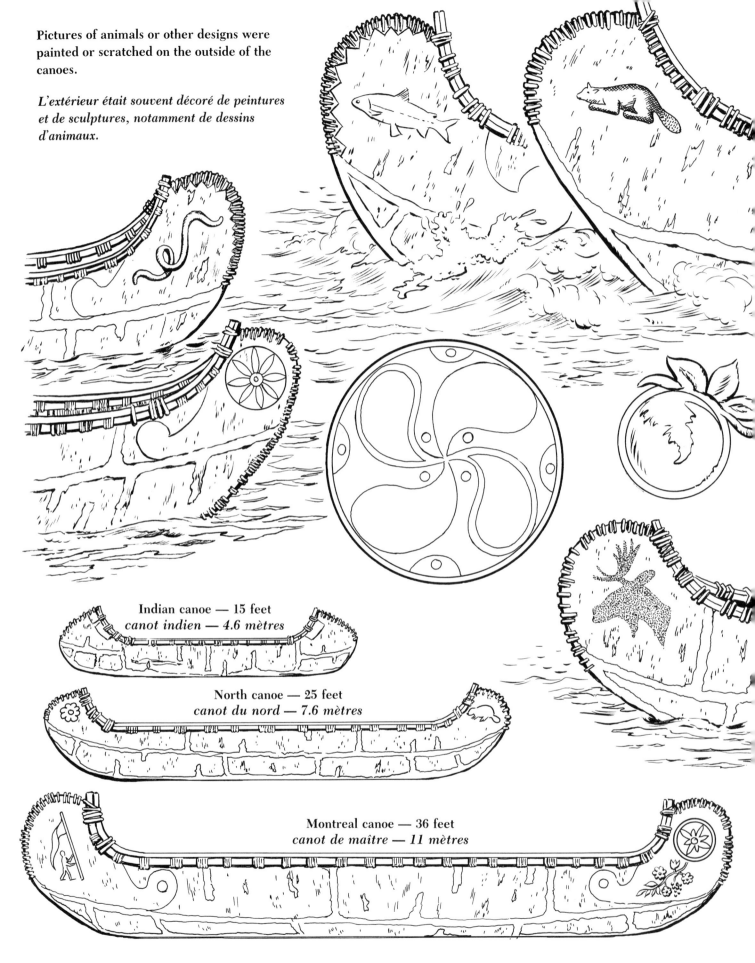

Pictures of animals or other designs were painted or scratched on the outside of the canoes.

L'extérieur était souvent décoré de peintures et de sculptures, notamment de dessins d'animaux.

Indian canoe — 15 feet
canot indien — 4.6 mètres

North canoe — 25 feet
canot du nord — 7.6 mètres

Montreal canoe — 36 feet
canot de maître — 11 mètres

Birch-bark canoes in three sizes — Montreal canoes used on the Great Lakes, North and Indian canoes used on smaller rivers and lakes.

Les canots d'écorce de bouleaux étaient de trois types: le canot de maître, utilisé sur les Grands lacs, et le canot du nord et le canot indien, utilisés sur les rivières et les lacs plus petits.

At a portage everything is taken out of the canoes and carried around a rapids or rough section of the river to smoother water.

Le portage. Pour traverser un rapide ou une rivière non navigable, les canots sont déchargés et transportés à dos d'homme.

A steersman, the voyageur who guides the canoe from the back

Costume du barreur, qui guide le canot de l'arrière

A middleman, the voyageur who paddles in the center of the canoe

Costume du pagayeur assis au centre du canot

A trader's winter coat made of a heavy woolen blanket

Manteau d'hiver d'un coureur des bois, confectionné dans une couverture de laine

trader's leather clothing decorated with beads the Indian style

nique de cuir à l'indienne décorée de rroterie, portée par les coureurs des bois

A voyageur visiting Montreal dressed in stylish European clothes

"Voyageur" vêtu à l'européene, de passage à Montréal

19

At a small fur post in summer traders prepare for the coming winter. A woman tends a garden of corn and potatoes, while other Indians make canoes.

L'été, les marchands d'un petit poste se préparent pour l'hiver. Une Amérindienne récolte le maïs et les pommes de terre pendant que d'autres fabriquent des canots.

Pressing furs into bundles makes them easier to carry.

Les fourrures sont pressées en ballots, ce qui en facilite le transport.

Oxcarts carry furs across a stream and over the plain west of the Great Lakes.

Chargées de fourrures, les charrettes à boeufs qui se dirigent vers l'Ouest doivent traverser les plaines et franchir les cours d'eau.

A Montreal canoe takes voyageurs and a clerk between Montreal and fur trade depots on the Great Lakes. These large canoes held more than a dozen people and several tons of luggage and trade goods or furs.

Ce canot de maître transporte des "voyageurs" et un commis entre Montréal et les dépôts de fourrures en bordure des Grands lacs. Ce genre de canot pouvait transporter plus d'une douzaine de personnes et des tonnes de marchandises, de provisions ou de fourrures.

Voyageurs eat and rest while a canoe is being repaired. Usually they paddled from before dawn until after sunset, taking breaks only to eat a hurried breakfast and to smoke their pipes.

Ces "voyageurs" se reposent et se restaurent pendant que d'autres réparent le canot. En général, on voyageait de l'aube au coucher du s ne s'arrêtant que pour casser la cro et fumer une pipe.

A partner and bookkeeper examine detailed records of the fur trade business. This company's offices might be in Montreal, New York City, or London.

Ce commerçant examine les livres de la compagnie avec son teneur de livres. Cette scène aurait pu se dérouler aussi bien à Montréal qu'à New-York ou à Londres.

A sailing ship carrying furs from Montreal to Europe and other
parts of North America. Sailing ships also brought trade goods
from Europe to North America.

*Ce voilier transporte des fourrures de Montréal vers d'autres
régions de l'Amérique et l'Europe et en rapportera des
marchandises.*

26

Forming hats of felt made from beaver or muskrat
hairs scraped from the animal skin

*Mise en forme de feutres confectionnés dans des
peaux de castor ou de rat musqué et destinés à la
fabrication de chapeaux*

27

People in a large European city wearing beaver hat and clothing made from animal skins

Ces citadins européens portent des chapeaux de cast et des vêtements de fourrure.